샬롯 페리앙은 1903년 프랑스 파리에서 태어났어요.

앙헬라 레온 글·그림 엄혜숙 옮김

Charlotte

새로운 라이프 스타일을 상상한 건축가, 샬롯 페리앙

이유출판

1903년 파리는

아주 현대적인 도시입니다.
파리에는 지하철이 있고
사람들은 자유시간을 즐겨요.
카페에서는 맛있는 디저트를 먹을 수 있고
곳곳에선 흥미로운 일들이 계속 일어나지요.

`바다 La Mer´
드뷔시의 관현악곡

뤽상부르 공원* 연못의 보트 놀이는
아이들에게 아주 인기가 높았어요.

* 프랑스 파리 6구에 뤽상부르 궁전이 있다. 궁전 남쪽에 있는 뤽상부르 공원은 크기가 25헥타르에 이른다.
대리석 조각상들과 분수가 세워져 있으며 휴일에는 아이들이 배 모형을 띄워 놀곤 한다.

샬롯은 할머니, 할아버지하고 많은 시간을 보냈습니다.
숲에서 딸기도 따고, 그림도 그렸어요.

샬롯은 늘 더 높은 산에 오르는 꿈을 꾸었습니다.
신대륙이나 달, 또는 닿을 수 없는 곳을 향해서…!

파리에서는 시골의 정취가 그리워질 때가 있어요.
그래도 창밖으로는 작은 마을 같은 광장이 내다 보입니다.
그해 7월 14일, 프랑스 혁명을 기념하는 성대한 무도회가 열렸어요.
마을 광장은 무척 화려하게 꾸며졌지요. 불꽃놀이가 벌어지자
불자동차와 소방대원, 곡예사들이 등장했지요.

꼬마 샬롯은 빨간 소방차를 보면 늘 올라가려고 해요.
소방차의 사다리는 별에 닿을 것 같았으니까요.

깃털 장식을 만드는 작업실도 있고,

모자를 만드는 작업실도 있어요.

장인들은 빈틈없고 정확한 손길로 멋진 물건을 만들어냅니다.

샬롯은 엄마와 함께 파리의 중앙시장에 자주 갑니다.
여기는 파리에서 가장 큰 건물로 늘 시끌벅적하지요.
온갖 소리와 냄새, 수많은 물건과 다양한 사람들...

옛날에는 대성당이 도시에서 가장 큰 건물이었습니다. 건설 기간도 대개 100년이 넘게 걸렸어요. 돌을 하나하나 깎고 다듬어서 지었으니까요. 하지만 지금은 달라졌죠. 모든 게 더 쉽고 빨라졌어요. 기계로 대량 생산하는 금속부품으로 건물을 지으니까요.

어느 날 샬롯은 맹장염 수술을 받으러 병원에 갔다가,
중요한 사실을 하나 깨달았습니다.

병원 안뜰에 있는 나무와 아무것도 없는 텅 빈 방을 보면서,
온통 하얀 색이 좋다는 사실을 알게 되었지요.

샬롯은 집에 돌아와 그만 울음을 터뜨렸습니다.
방은 잡동사니로 가득 차서, 빈 곳이 안 보일 정도였으니까요.
맘껏 움직일 수 있고 상상할 수 있는 빈 공간이 샬롯은 더 좋았습니다.

**텅 빈 공간은 모든 걸
담을 수 있기 때문이지요!**

샬롯이 자라는 동안,
많은 일이 일어났어요.
전쟁도 일어났고 전염병도 퍼졌으며
새로운 기술도 발명되어
모든 것이 바뀌었습니다,
심지어 시간까지도!
모든 게 더 빨라졌지요.

이런 흐름에 맞춰
여자들의 옷차림도 바뀌었어요.
전쟁으로 많은 것이 파괴되어
다시 세워야 할 것도 많아졌습니다.
과학과 기술은 모든 문제를 빠르게
해결하는 데 큰 도움이 되었어요.

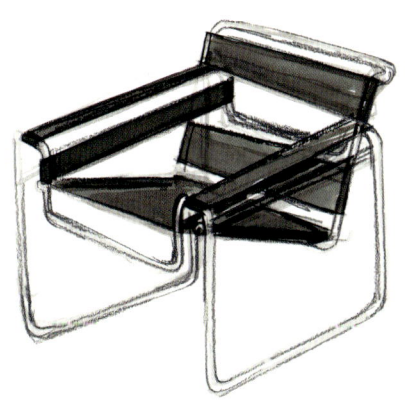

그때까지 집은 같은
방식으로 지어졌습니다.
벽이 모든 무게를
지탱하고 있었지요.

하지만 **르 코르뷔지에**와 몇몇 건축가들은
더 가볍게 더 빠르게 집을 지을 수 있어야 한다고 생각했어요.
뼈대도 더 튼튼하고 장식도 없는 공장 건물들처럼요.

"벽은 더 줄이고, 창은 더 늘리고!"
이제 공기의 흐름과 햇빛, 사람들의 움직임이 중요해졌어요.

르 코르뷔지에는 지붕을 정원으로 바꾸었습니다. 마침 르 코르뷔지에가 이 정원에서 일광욕을 하고 있네요! 피에르는 나무에 물을 주고 있고…*

* 르 코르뷔지에는 필명이고, 본명은 샤를 에드와르 잔느레이다.
  피에르는 그의 사촌이자 동업자였던 피에르 잔느레를 말한다.

샬롯은 건축가가 되어 르 코르뷔지에와 함께 일하며
현대적인 건물을 짓고 싶었어요.
하지만 르 코르뷔지에는 샬롯의 포트폴리오를
펼쳐보지도 않고 거절했지요.

샬롯은 자신의 학교 선생님들이 조언한 대로
자기가 만든 작품을 그에게 직접 보여주기로 했습니다.
그중에는 멋진 바처럼 디자인한 자기 집 거실도 있는데요,
인테리어를 모두 금속으로 처리해 독특한 느낌을 주지요.

샬롯의 거실은 정말 독특했어요.
르 코르뷔지에도 그걸 보고나서 바로,
샬롯에게 일할 기회를 주었으니까요!

샬롯은 '코르부'가 설계한 집에 들어갈 가구를 디자인하게 됩니다.
코르부는 프랑스어로 '까마귀'라는 뜻으로, 친구들이 즐겨 부르던
르 코르뷔지에의 별명이랍니다.

샬롯은 공간과 가구의 형태가
몸의 움직임과 맞아야 한다고 생각했어요.

그래서 샬롯은 사람이 취할 수 있는 모든 자세를 빈틈없이 연구했어요.

이전에는 모두 나무로 가구를 만들었지만,
샬롯은 금속으로 가구를 만들었어요.
그래서 자전거처럼 튼튼하고 가벼웠죠.

하지만 디자인만으로는 충분하지 않았어요.
샬롯은 자신의 디자인에 생명을 불어넣으려고,
금속과 쿠션, 섬유 전문가들의 도움을 받아
실물 크기로 실제 모형을 만들었습니다.

마침내 샬롯은 코르부와 피에르를
자신의 집으로 초대했어요.
그들을 놀라게 하고 싶었거든요.

샬롯의 의자는
아름다울 뿐 아니라,
정말 편하기도 했어요!

사람들은 이 의자를
아주 멋지고 편안하다는 뜻에서

커다란 편안함
Grand Confort*

이라고 부르게 되지요.

* 르 코르뷔지에의 스튜디오에서 1929년 '살롱 도톤'에
  출품한 <LC> 시리즈 의자 중 하나다. 르 코르뷔지에의
  이니셜인 LC로 표기되었지만 형태와 비례, 소재를
  결정하는 과정에서 샬롯 페리앙은 결정적인 역할을 했다.
  의자의 폭과 시트의 높낮이에 따라 명칭을 달리하며,
  '작은 편안함' 또는 '커다란 편안함'이란 애칭으로 불린다.

르 코르뷔지에의 작업실은 겨울에 아주 추웠고,
수없이 밤을 새우며 일하는 곳입니다.
그런데도 젊은 건축가들이 그와 함께 일하고 싶어
세계 곳곳에서 계속 찾아왔지요.

샬롯은 자연은 물론 스포츠를 무척이나 좋아합니다.
휴일이면 작업실 동료들과 함께 여행을 떠나지요.

이들 중에는 샬롯의 이웃이자 친구이며
유명 화가인 **페르낭 레제**도 있었어요.

이들은 여행 중에
많은 보물을 찾아냈어요.

작은 조각품처럼 보이는
뼛조각이라든가

50킬로그램이나 나가는 돌덩이도 있었지요!

호기심은 뭔가를 발견하도록 하는 비법입니다.

샬롯은 호기심 덕분에 많은 걸 해결해냈어요. 예를 들면, 운반과 조립이 쉬운 산악용 대피소를 디자인하게 된 것도, 크로아티아의 작은 마을에서 회전목마를 보고 실마리를 얻었기 때문이지요.

대피소를 디자인하면서 샬롯은 가장 좋아하는 두 가지, 즉 건축과 산을 결합했어요. 그동안 샬롯은 여러 산을 올라 보았는데, 가장 높은 봉우리에는 어김없이 양치기의 대피소가 있었어요. 그리스에서처럼요. 이들 대피소는 간소하지만, 필요한 공간은 다 있었죠. 외투를 걸 수도 있고, 냄비나 치즈를 보관하는 선반도 있고...

대피소는 공간에 맞게 물품이 잘 정리되어야 합니다!

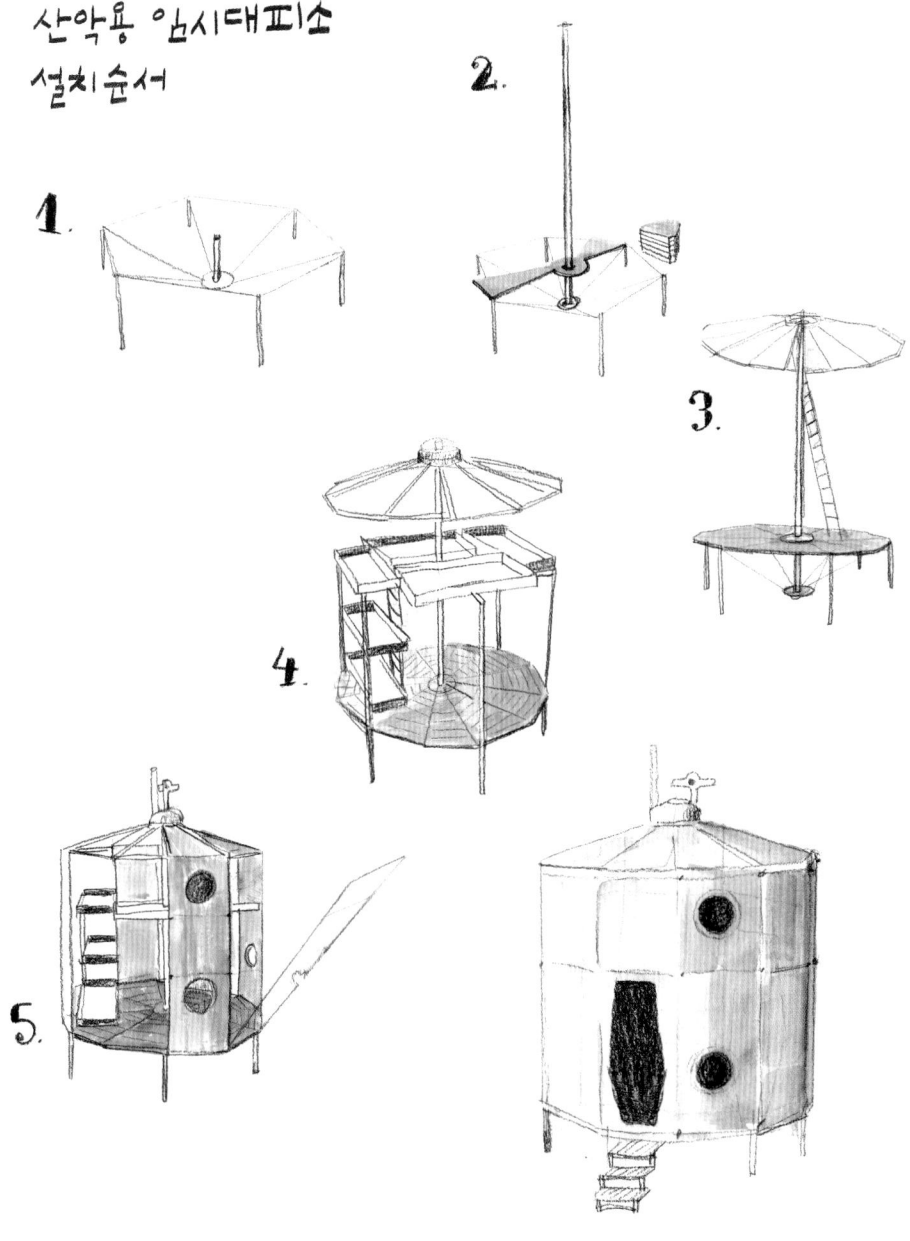

샬롯은 모든 사람이 다 잘 살기를 바랍니다.
더 좋거나 더 나쁜 동네가 없고,
자동차에서 멀리 벗어나 햇빛과 공기가
집안으로 충분하게 들어오는 곳...

누구나 이런 집에서 자연과 자유 시간을 즐길 권리가 있으니까요.

부자들만 휴가용 별장을 가져서는 안 되지요.
그래서 샬롯은 아주 간소한 주말용 집을 디자인했어요.
이 집은 장난감을 조립하듯 쉽게 만들 수 있는 조립식 건물로,
작업 도구도 거의 필요 없고, 백화점에서도 살 수 있어요.

베란다 차양에 뚫린 구멍 아래쪽에는 수련이 자라는 물통이 놓여 있어요.
비가 내리면, 수련 잎 사이로 똑똑 떨어지는 물방울 소리를 들을 수 있죠.

파리에 있는 샬롯의 집도
작고 소박합니다. 샬롯은 세르트와
그의 여자 친구 문차를 즐겨 초대했어요.
이들은 스페인 사람인데요, 전쟁이 벌어지자
프랑스로 왔어요.
세르트는 프랑스에
살고 있는 스페인 출신
예술가들의 작품을
전시하게 될 파빌리온을
디자인하면서 바쁘게 지내지요.

레제와 피에르는 아침 식사를
늘 함께 합니다.
샬롯은 아코디언에 맞춰 노래를
하거나 거실 천장에 고정된
링에 매달려 재주를 부려서
이들을 즐겁게 해주곤 하지요.

스페인 전쟁이 끝나자,
유럽에서는 또 다른 전쟁이 시작되어
세계 여러 나라로 퍼지게 되었어요.

잠들기 전에 별을 보던 창문으로,
샬롯은 이제 군용기를 보게 되었지요.

그러던 어느 날, 샤롯은 길이가 무려 34미터나 되는 긴 편지를 받았습니다.

위험한 상황에서 벗어나
계속 일할 수 있도록,
일본인 친구 사카쿠라가
샤롯을 일본으로
초청한 거예요.

일본은 수 세기 동안 외부 세계에 잘 알려지지 않았어요.
하지만 이제 일본인들은 자신들의 상품과 문화를 다른 나라에 알리고 싶어 합니다.
그래서 전문가인 샬롯의 의견을 듣고 싶어 하지요.

1940년 일본,

샬롯은 이곳에서 프랑스와는 전혀 다른 생활을 하게 됩니다.

달라진 것들:
옷차림에서 음식까지.

쌀밥을
　　주로 먹고

미역과
　　생선을

작은
　접시에 담아
　　젓가락으로...

각종 의례와
몸가짐에서

일상적인
관습들까지...

손님으로 다른 사람의 집을 방문할 땐
현관에서 신발을
벗어야 합니다.

샬롯에게는 일본의
전통적인 생활 방식이
현대적으로 보였어요.

실내에는 장식물이
거의 없고 벽도 없어요.
나무와 종이로 된
미닫이문이 있는데,
불투명한 것은
'후스마', 빛이 비치면
'쇼지'라고 합니다.

여름밤에는 집 전체가
외부로 활짝 열리고,
손님이 많으면 막았던
공간을 연결하여 방을
넓힐 수도 있어요.

사람들은 짚으로 짠 **다다미**가
깔린 바닥에 앉아 지내거나 잠을 잡니다.

사람들의 몸가짐이 아주 차분하고 예의 바른데, 문까지 가벼우니 '쾅'하고 문을 닫는 경우는 거의 없지요.

잠이 오지 않는 밤이면, 아이들은 장난삼아 손가락으로 창호지를 뚫기도 합니다. 하지만 괜찮아요, 콜라주 하듯 다른 조각을 붙이면 금세 구멍을 막을 수 있으니까요.

일본에서는 왕자의 궁궐이든, 농부의 집이든 모두
쇼지, **후스마** 그리고 **다다미**를
기본으로 사용하고 있어요.

샬롯은 장인들을 만나 기술을 배우기 위해 일본 전역을 여행했습니다.
여러 공방과 학교를 방문하고 후지 산에 올라 스키도 탔지요.

한겨울 눈을 맞으며 하는 **온천욕**을 무척 좋아해서
원숭이와 온천장에서 마주치는 일도 자주 있었답니다.

전문가로서 일본에 왔지만, 샬롯은 일본 장인들에게 많은 것을 배우고
여러모로 깊은 인상을 받았습니다.
그래서 귀국하기 전에, 현지의 재료와 기술로 만든
자신의 작품들을 보여주는 전시회를 준비했지요.

샬롯은 일본이 자신의 문화를
잘 지켜나가기를 바랍니다.
문화를 소중히 여기지 않는다면,
동물이 쉽게 멸종되는 것처럼
선조들의 지혜도 사라질 테니까요.

이 무렵, 새롭고 큰 모험이 샬롯을 기다리고 있었어요.
일본이 프랑스와 전쟁을 벌인 탓에
샬롯은 인도차이나로 탈출해야 했으니까요.
여기서 샬롯은 호랑이 사냥꾼도 만나고,
자크 마탱과 결혼도 하고,
코끼리도 타보게 되지요.

하지만 샬롯의 가장 큰 모험은 뭐니 뭐니 해도,
딸 **페르넷**을 낳은 일입니다.

아기는 전쟁 중에 태어났는데,
갓난쟁이 몸으로 정글에서 탈출하여
열대성 질병을 극복해야 했습니다.
1946년, 샬롯은 마침내 프랑스로 돌아왔고
가족과 친구들은 기쁨과 사랑으로
이들을 맞아주었어요.

샬롯은 일본으로 떠나기 전에
르 코르뷔지에와 일하는 것을 그만두었습니다.
몇몇 중요한 점에서 의견이 갈렸기 때문이지요.

하지만 이제는 모든 걸 재건해야 합니다.
평화까지도 말입니다!

샬롯과 르 코르뷔지에는 1,600명의 사람들이 살 수 있는 건물*을 함께
디자인하기로 했습니다. 여기에는 호텔, 레스토랑, 슈퍼마켓, 미용실, 제과점 등이 있고,
이른 아침이면 따뜻한 빵 냄새가 풍길 거예요. 옥상층은 어린이들로 가득 찰 거고요.
유치원과 수영장만이 아니라 체육관, 일광욕실 그리고 작은 무대가 있기 때문이죠.
이런 공용 공간에서 이웃 사람들은 춤, 연극, 음악, 그림, 볼링 클럽을 만들 겁니다.

이 건물은 작은 도시가 될 거예요.

* 마르세이유에 건설한 '집합주거Unité d'Habitation'를 가리킨다. 길이 137미터, 너비 20미터,
높이 61미터에 이르고 총337개의 아파트로 구성된 12층짜리의 건물로, 1952년에 완공되었다.

이 프로젝트에서 샬롯은 주방을 개방형으로 디자인했어요.
그때만 해도 집안에서 모든 일을 했던 주부들을 위해 특별히 생각해낸 것이죠.
이제 주부들은 주방에서 혼자 일하지 않아도 되고, 가족들과 수다를 떨며
자기 의견을 내기도 하고, 심지어 주방에서 배드민턴도 칠 수 있게 되었죠.

샬롯은 이 주거공간에 들어갈 가구를 디자인했어요.
친구인 장 프루베의 공장에서 가구들을 만들었는데
이들은 집과 가구가 모두 사람들의 요구에 꼭 들어맞기를 원했죠.

우리가 여행 가방을 꾸릴 때 셔츠나 신발, 양말에
잘 어울리는 스커트나 바지를 고르는 것처럼
가구도 그럴 수 있어요.

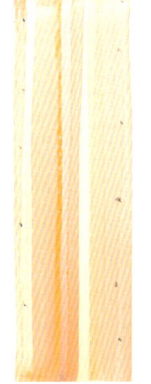

멕시코와 튀니지 책장이란 가구는
사용자가 각 부분을 원하는대로 조립할 수 있어요.
어떤 식으로 조합하든 전체적으로 잘 어울리니까요.

샬롯에 따르면, 예술은 모든 것들 속에 담겨 있습니다.

사람들의 몸짓이나 꽃병, 냄비, 유리컵, 보석...
그리고 이들이 존재하는 방식 속에 말입니다.

샬롯과 장 프루베는,
일상의 아름다움을 가꾸는 것이
우리 모두를 위해 꼭 필요한
일이라고 생각합니다.

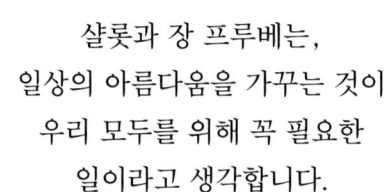

그래서 샬롯이 디자인한 의자는
우유를 짜는 데에도 사용할 수 있고,
떠 있는 조각품 같은 이사무 노구치의
종이 램프나, 장 프루베의 의자도

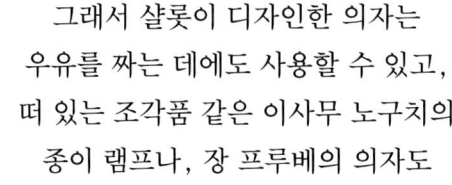

파리의 **스텝 시몽** 갤러리에 전시될 수 있는 거지요.

모든 물건에 시가 깃들 수 있다고 여긴 건축가가 또 있습니다.
바로 **리나 보 바르디**예요. 두 사람은 브라질에서
만났어요. 샬롯은 리나를 무척 존경했는데요,
그가 설계한 멋진 건물 때문이랍니다.
그곳은 평범한 재료와 풍부한 상상력으로
만든 물건을 전시하는 브라질
민속 예술 박물관입니다.

샬롯은 브라질을 여러 번 방문했어요.
여기서는 조경가인 **버럴 막스**가
자신의 집에서 샬롯과 리나에게
음식을 권하는 모습을
볼 수 있네요!

톰 조빔과 비니시우스 데 모라에스의 음악을 들으면서 말이죠. 이들은 브라질의 새로운 수도 '브라질리아'를 위한 교향곡을 작곡했어요. 이 도시는 여러 유명한 건축가들이 그리스로 향하는 배 위에서 논의한 도시계획 원리*에 따라 세워졌답니다.

* 1933년 지중해의 선상에서 개최된 제4회 근대건축 국제회의CIAM에서
<아테네 헌장>이란 이름으로 발표된 내용으로, 이후의 도시계획에 중대한 영향을 미쳤다.

샬롯은 늘 그랬듯이 여행과 일을 계속했는데요,
산을 사랑한 더분일까요...
어느 날인가 스키장 **레 자크**를 위한
휴양 시설을 설계해달라는 요청을 받게 됩니다.
샬롯은 이 프로젝트를 위해 20년 동안이나 매달리게 되는데요,
이곳은 앞으로 수많은 사람이 휴가를 보내는 도시가 될 겁니다.

이 프로젝트에서 샬롯은, 모든 사람들이
자신처럼 자연을 맘껏 즐길 수 있도록
지금까지 배운 것을 모두 쏟아 부었어요.

우선, 휴양지로 들어오는 차량을 제한하고
건물은 지형에 맞게 높낮이를 다르게 해서
풍경을 돋보이게 하고, 일광욕과 채광을 위해
테라스를 적극적으로 활용하기로 했습니다.

아, 샬롯이 방금 크로스 컨트리 트랙을 지나고 있네요!

여기서도 자연이
가장 중요합니다.
실내에서는 외부
풍경을 보며 즐길 수
있고 일본의 집처럼
테라스가 집안으로
들어와 거실의
일부가 됩니다.

봄철에 눈이 녹으면
테라스에 앉아서
풀 뜯는 소를
그릴 수 있겠죠.

마침내 샬롯은 산을 이겨내고 다른 사람들도
자기처럼 산을 즐길 수 있도록 했어요.

샬롯은 산에 머물면서 폭풍과 피로를 견뎌내고
아무리 힘들어도 따뜻하고 아늑한
대피소를 만드는 법을 배웠지요.

샬롯은 자신을 위해 작은 집을 지을 거예요.
돌로 된 벽과 유리 창문, 침대 옆엔 다다미가 깔린 집.
샬롯은 친구들을 초대하여 음식을 나누고
디저트를 먹으며 맘껏 노래를 부를 거예요.

**샬롯은 평생 동안 왕성한 호기심으로
즐겁게 일하며 살아갈 거예요.**

샬롯 페리앙은 수많은 가구와 주거시설, 공간을 디자인했습니다. 하지만 그녀는 무엇보다 새로운 생활 양식을 상상했어요. 샬롯에게 기술적 진보란 어린이와 여성, 청소년, 노인 등 모든 사람의 삶을 개선하기 위해 이들에게 봉사하는 것이었죠. 따라서 샬롯은 집도 더 밝게 하고, 매일 사용하는 물건들도 더 쓸모 있게 디자인하려고 노력했습니다. 그녀에게 가장 중요한 것은, 모든 사람이 건강하고 자신이 좋아하는 일을 할 수 있는 자유 시간을 맘껏 갖는 것이었습니다.

샬롯은 자연과 시골의 소박한 삶을 사랑했고, 여행과 야외 활동, 특히 산에 가는 것을 좋아했어요. 샬롯은 옛사람들의 지혜나 농부들의 작업뿐 아니라, 무거운 나무 토막 같은 것을 쓸모 있고 아름다운 도구로 만드는 장인들의 기술에도 감탄했어요.

추수할 때 서로 돕는 농부들처럼 샬롯도 건축가, 예술가, 장인들과 팀을 이루어 프로젝트를 진행했어요. 그녀는 프랑스, 일본, 브라질 등… 전 세계를 여행하고 건물을 지었죠. 샬롯이 헌신적이고 열정적으로 일했기 때문에 동료들은 아주 친한 친구가 되었습니다. 그리고 모든 사람을 위해 집과 가구와 공간을 개선하려고 했던 것처럼 똑같은 관대함과 기쁨으로 평생 자신이 사랑하는 사람들을 돌보았습니다.

©Topipittori, Milan 2023
Original title: Charlotte
All rights reserved
http://www.topipittori.it

Korean translation IUBOOKS, 2024
Korean translation rights arranged with Topipittori through Orange Agency

앙헬라 레온은 스페인에서 태어났다. 마드리드에서 제품 디자인을 공부한 후 브라질로 이주하여 여러 지역 예술 기관에서 추진하는 프로젝트에 참여했다. 이때의 경험으로 도시에 대한 관심을 갖게 되었고, 이후『환상적인 도시 상파울루 이야기 Guia Fantástico de São Paulo』를 출간하고「이상적인 도시Utopian Urbanism」프로젝트를 진행했다. 전작『리나 보 바르디』로 2021IBBY(국제아동청소년도서협회), FNLIJ(브라질국립아동청소년도서재단), TABF(도쿄아트북페어)에서 우수도서로 선정된 바 있다. 현재는 보그 까사 브라질 등의 매거진에서 일러스트 작업을 하고 있다.

엄혜숙은 서울에서 태어났다. 한국과 일본에서 문학을 공부했다. 대학 졸업 후, 출판사에서 편집자로 책을 만들었다. 지금은 프리랜서로 번역, 집필, 강연 등을 하고 있다.『깃털 없는 기러기 보르카』,『개구리와 두꺼비가 함께』,『플로리안과 트랙터 막스』,『셀마』,『비에도 지지 않고』,『저기요, 이제 그만해요』,『와일드 로봇』등을 번역했다.『세탁소 아저씨의 꿈』,『나의 초록 스웨터』,『권정생의 문학과 사상』,『100일 동안 매일』등의 책을 썼다.

샬롯 페리앙

지은이 앙헬라 레온
옮긴이 엄혜숙

초판 1쇄 발행 2024년 1월 30일
　　2쇄 발행 2024년 8월 12일

펴낸이 이민·유정미
디자인 사이에서

펴낸곳 이유출판
주소 34630 대전시 동구 대전천동로 514
전화 070.4200.1118
팩스 070.4170.4107
이메일 iu14@iubooks.com
홈페이지 www.iubooks.com
페이스북 @iubooks11
인스타그램 @iubooks11

ISBN 979-11-89534-49-3(77540)

PANCA CANSADO 1958
칸사도 소파

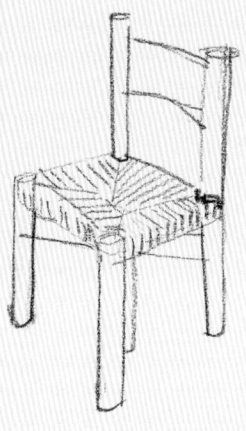

SEDIA MERIBEL 1936
메리벨 의자

CASA DA TÈ 1993
PER L'UNESCO
유네스코를 위한 다실